AF248195

NOTE

SUR LES

MONUMENTS CELTIQUES

D'ANGLETERRE, D'ÉCOSSE ET D'IRLANDE

ET SUR

LES COLLECTIONS DU BRITISH MUSEUM.

MESSIEURS,

Pendant une mission de travaux publics en 1866, j'ai remarqué, en parcourant l'Angleterre, l'Écosse et l'Irlande, un certain nombre de monuments celtiques dont il m'a paru intéressant de vous communiquer la description, afin de pouvoir les comparer avec ceux de notre pays.

Si ce travail vous intéresse, j'aurai l'honneur de vous décrire, dans une autre communication, les richesses amoncelées au musée de Leyde, en Hollande, qui possède une des collections ethnographiques les plus curieuses de l'Europe.

Sans entrer, sur l'origine et la destination de ces monuments, dans les savantes dissertations où vous excellez, je me borne au simple rôle de touriste, et je laisse à votre sagacité de conclure. J'ose espérer que ces quelques détails intéresseront ceux d'entre vous qui s'occupent de ces études.

I. — Monuments.

L'Écosse, l'Angleterre et l'Irlande sont riches en monuments celtiques. En voici quelques-uns dont les restes sont encore imposants.

Le premier (Pl. 1) que les Anglais appellent le Druidic-Temple of-Keys, est situé près de Keys-Castle, à quelques kilomètres au sud d'Inverness. Il se trouve au sommet d'une colline assez élevée, d'où l'on découvre un admirable panorama sur la Ness, le golfe de Murray et les

montagnes du Sutherland. J'en ai relevé le plan très exactement et je l'accompagne d'une vue pittoresque.

Ce monument se compose de deux enceintes circulaires concentriques.

L'enceinte extérieure est discontinue ; elle a 22 mètres de diamètre, et se compose de dix pierres presque toutes assez informes, mais à très peu près symétriquement placées par rapport à un axe qui serait situé dans la direction est-ouest. Une seule de ces pierres a l'air d'avoir été presque équarrie : elle se trouve à l'est, la première, au sud de l'axe, est plantée debout, et n'a d'équarrissage que 0^m,50 sur 0^m,60 : sa hauteur est de 1^m,50.

A un mètre en dehors de l'enceinte et sur l'axe, à l'ouest, se trouve un grand menhir grossièrement équarri comme le précédent, et dont les dimensions sont en section de 1 mètre sur 1^m,50. Sa hauteur est de 9 pieds : environ 2^m,70.

L'enceinte intérieure a 14 mètres de diamètre ; je pense qu'elle a dû être autrefois continue, car il reste 27 pierres en place, et les vides sont trop irréguliers pour supposer qu'elles aient seules primitivement existé. Du reste, les vides ont une longueur totale qui représente environ huit ou neuf largeurs des pierres actuelles. Or on trouve justement, disséminées sans ordre, neuf pierres de dimensions analogues à celles de l'enceinte : elles ont dû en faire primitivement partie.

Enfin, au centre, se trouvent deux menhirs à peu près semblables au petit menhir de l'est qui fait partie de l'enceinte extérieure. Ces deux pierres ont-elles été jadis recouvertes d'une table, et le tout d'un tumulus, de manière à servir de chambre sépulcrale, ou bien, pour ceux qui voudraient voir dans ce monument une sorte de temple, étaient-ce les colonnes du feu sacré, ou les pieds d'un autel.... ; ce qui reste actuellement à l'intérieur du monument ne me permet pas de le décider.

Les environs d'Inverness possèdent encore d'autres restes celtiques.

Après avoir descendu la mémorable lande de Culloden, lieu de la sanglante bataille qui décida du sort de l'Écosse, et où les tombes des clans des Mac'Intosh, des Frasers et des Mackensies ne sont pas indiquées par des monuments, mais par de larges taches vertes dans la bruyère, on trouve, sur les bords de la Nairn, trois tumulus entourés de cromlec'hs (P. 2) : on les appelle les cercles de Clava.

Ces trois cercles sont en ligne orientée de l'est à l'ouest, suivant du reste le cours de la rivière en ce point. Les deux de l'est sont espacés de 50 mètres, les deux autres de 30 mètres. Les diamètres sont de 15 (*a*), 12 (*b*) et 16 mètres (*c*). Les pierres qui forment les cromlec'hs sont très allongées : leur hauteur varie de 1^m,50 à 2^m,50. Une seule dans le cromlec'h de l'ouest a un peu plus de 3 mètres de hauteur.

Dans le cromlec'h de l'est, elles sont au nombre de six, disposées assez régulièrement; dans celui du milieu, on n'en compte plus que trois, mais il devait y en avoir au moins quatre pour la régularité; enfin, il en reste six à celui de l'ouest, et la régularité en demande neuf. On croit reconnaître les débris d'un autre monument semblable un peu à droite du cromlec'h de l'ouest; mais ce ne sont, je pense, que les restes qui manquent à ceux-ci.

A 200 mètres à gauche du cromlec'h de l'est, et un peu au-dessous de l'alignement, se trouve un assez grand menhir dans un champ cultivé, voisin d'un champ rempli de pierrailles.

Le tumulus du milieu a été fouillé il y a quelques années : à 18 pouces (45 cent.) au-dessous du sol, on a trouvé deux vases en terre et des ossements calcinés dans une chambre intérieure. Je n'ai pas vu ces objets, et, quant à la chambre intérieure, il n'en reste rien d'apparent. Les tumulus sont formés de pierrailles avec peu de terre; ils ont 3 mèt. de hauteur; celui de l'ouest a été en partie détruit. Il est très aplati et n'a plus sa hauteur.

La « great attraction » archéologique des environs d'Inverness, comme disent les Anglais, n'est pas encore tant le temple de Keys et les cromlec'hs de la Nairn, que les forts vitrifiés de Craig-Phadrick, de l'Ord-Hill-of-Kessock, et plusieurs autres analogues.

Inverness est entouré de collines assez élevées au sommet desquelles on rencontre souvent ces monuments bizarres qui les couronnent. On dirait presque de petits cratères de volcans. Comme ils se ressemblent tous, je ne vous en décrirai qu'un, celui de Craig-Phadrick, à deux milles à l'ouest de la ville. La colline est élevée de plusieurs centaines de mètres; la moitié supérieure, très abrupte, est couverte d'un bois de sapins. Au sommet, on trouve un grand bassin elliptique (Pl. 3) formé par des cailloux amoncelés en talus. L'arète des talus est un ovale de 60 mètres de grand axe et 20 mètres de petit axe. La profondeur du bassin est au plus profond de 5 mètres, et les talus, dans les deux sens, sont à peu près inclinés à 45 degrés. Quelques sapins rabougris poussent sur les talus.

Ce couronnement au sommet d'une colline très élevée, incontestablement fait de main d'homme, serait déjà par lui-même quelque chose de fort remarquable; mais ce qu'il y a de plus curieux, c'est qu'une grande partie des pierres granitiques qui forment le talus est complètement vitrifiée à l'extérieur. Il semblerait qu'une couche de verre noirâtre a été déposée à la surface. J'en avais rapporté plusieurs échantillons que j'ai déposés à votre musée, il y a deux ans. On sait que le feldspath, qui est un des éléments du granit, n'est autre chose qu'une sorte de verre cristallisé : c'est, en effet, un silicate double d'alumine et potasse ou de soude. Il n'est donc pas étonnant de trouver une substance vitreuse à la surface du granit : on sait d'où elle vient ; mais comment s'est-elle formée à ces hauteurs, quel phénomène énergique, soit de chaleur, soit d'électricité, a pu déterminer cette transformation, c'est ce que je ne me chargerai point d'expliquer. Je n'ai pas rencontré sur place de documents suffisants pour me faire une idée nette à ce sujet.

Il y a, dans les environs de Saint-Brieuc, des restes analogues : le camp de Péran. Cependant j'y ai constaté des différences très sensibles. Les talus du camp de Péran sont à double enceinte, au lieu d'être simples, et se composent d'un amas de pierres agglutinées entre elles et recouvertes de terre. L'espèce de gangue qui relie ainsi tous ces matériaux est due évidemment à une action ignée : elle a l'aspect de nos scories d'usines, et, dans plusieurs points, elle ressemble complètement à la lave vésuvienne solidifiée : les véritables vitrifications y sont rares. Les talus du Craig-Phadrick sont, au contraire, composés simplement de pierrailles amoncelées, et qu'aucune gangue ne relie entre elles : on ne remarque point sur ou dans les pierres l'aspect scoriacé ; mais à la surface existe partout un véritable verre, soit brun, soit verdâtre, comme si on les avait trempées dans un bain de verre en fusion. Cette différence d'effet doit être dû, ce me semble, à une différence de cause. Je livre cette observation à ceux qui seraient tentés de l'étudier.

—————

Quittons l'Écosse, et entrons en Angleterre. J'arrive à un monument grandiose sur lequel les archéologues anglais ont écrit quantité de volumes. C'est le Stonehenge situé sur les dunes, à 2 milles d'Amesbury et à 10 milles de Salisbury. Je n'entrerai pas dans les savantes dissertations auxquelles il a donné lieu : je ne rechercherai pas quels furent ses constructeurs, et dans quel but il fut élevé : si c'est la tombe d'un chef breton, Ambrosius, ou un autel celtique. On l'attribue cependant, en général, aux Celtes de l'époque la plus récente.

Depuis longtemps ces restes imposants ont attiré l'attention des voyageurs. Camden qui, en 1590, écrivait en latin une description des trois royaumes, l'appelle : « *Insana, ut Ciceronis verbo utar, substructio.* » Des historiens latins, plus anciens encore, l'appelaient *Gigantum chorea*, lieu de la danse des géants : c'était la traduction exacte de l'ancienne appellation bretonne *Chior gawr*. Les Anglais le nomment aujourd'hui *Stonehenge's druidic temple*.

Voici une description aussi exacte que possible de l'état actuel de cet étrange monument. (Pl. 5, 6, 6 *bis* et 6 *ter*.)

Représentez-vous d'abord une vaste enceinte circulaire de 110 mètres de diamètre moyen. (Les astronomes ont remarqué que ce diamètre est de 365 pieds anglais.) Elle est formée d'une gigantesque fosse de 9 mètres de largeur, talus compris, sur 4 de profondeur.

Au milieu s'élèvent les ruines de deux grands cercles de pierres, qui renferment deux ovales excentriques. Toutes les pierres sont taillées en forme de prisme rectangulaire régulier, ce qui indique un art déjà avancé. Elles sont en grès assez fin qu'on ne trouve pas dans les environs mêmes, ce qui avait fait croire à Camden, et depuis à quelques auteurs, qu'elles avaient été fabriquées artificiellement, comme aujourd'hui le béton Cogniet; mais elles sont parfaitement naturelles : il suffit de gratter la petite couche de cryptogames qui les recouvre pour le reconnaître.

Le grand cercle extérieur a 33 mètres de diamètre. Il se compose de pierres debout régulièrement rangées, de 14 pieds ou 4m,20 de hauteur uniforme et supportant une sorte d'architrave formée de dalles jointives, ce qui présentait une espèce de portique continu que j'ai représenté entier dans la restauration.

Les dalles n'existent plus sur tout le pourtour, mais il en reste assez pour reconnaître qu'elles ne devaient pas être interrompues : il y en a encore de jointives. On compte aujourd'hui 24 des piliers qui devaient être au nombre de 30, et il reste cinq des dalles qui les recouvraient.

Le second cercle a 25 mètres de diamètre et se compose de petits prismes assez espacés les uns des autres. Il en reste 9 : il devait y en avoir 18.

L'ovale qui suit se raccorde tangentiellement avec le cercle intérieur. Il devait se composer de cinq grands portiques ou dolmens isolés, suivis au raccordement de quatre petits prismes semblables à ceux du cercle intérieur. Deux de ces portiques sont encore debout à leur place. Ils se composent chacun de deux gigantesques piliers de 9 mètres de hauteur, surmontés d'une dalle. Ce qu'ils ont de plus curieux, c'est que la dalle est maintenue par un assemblage. Les piliers ont un tenon à leur extrémité, et ce tenon s'encastre dans une mortaise pratiquée dans la dalle.

Ce tenon se voit très distinctement dans un des piliers à demi déversés d'un des portiques détruits, et qui se trouve figuré au premier plan sur la vue pittoresque. Les trois portiques qui ne sont plus en place gisent renversés, et leurs fragments, dont j'ai indiqué la place sur le plan, suffisent pour les restituer.

En face de chacun de ces portiques se trouvent deux prismes, un peu plus grands que ceux du cercle intérieur, et dont l'ensemble forme le second ovale.

Enfin, cinq petites pierres se trouvent au haut de cet ovale, et toute la construction étant symétrique, il semble qu'il a dû en exister neuf.

Tel est ce monument à l'aspect imposant, dont les ruines frappent encore vivement l'imagination par leur masse écrasante. Je laisse à de plus compétents le soin de décider quelle en fut la destination.

On trouve encore d'autres cromlech's en Angleterre, et principalement en Cornouaille, où les restes celtiques sont très nombreux.

Près de Biscawen se trouve un cercle de 19 pierres, avec une pierre
plus haute au centre.

Sur la route de Plymouth à Truro, on en remarque trois appelés les
Hurlers, et où la tradition prétend voir des hommes changés en pierre
pour avoir violé le repos du dimanche. Je cite cette tradition, parce
qu'elle rappelle celle des soldats romains poursuivant saint Cornély et
dont les pétrifications auraient produit les menhirs de Carnac. Dans
l'Oxfordshire, le cercle de Roll-rich-Stones, sur les bords de l'Evenloha,
possède une légende analogue : la plus grande des pierres est appelée
le roi; à côté de lui on montre ses cinq chevaliers : les autres pierres
sont ses soldats.

Le pays de Galles est riche aussi en cercles celtiques. Le plus grand
est celui de Pentrevan dans le Penbrock'shire; son diamètre est de
12 mètres, et au milieu se trouve un menhir de 5^m,50 de hauteur et
1 mètre sur 2^m,50 d'équarrissage.

En Irlande, la forme circulaire n'est point rare, et l'on remarque
deux grands cromlec'hs que j'ai dessinés d'après l'old England (Pl. 4),
l'un près de Sligo, ayant au centre un vaste dolmen, l'autre près de
Londonderry, ayant un petit cercle intérieur excentrique et un grand
menhir, comme au Druidic-Temple-of-Keys.

Quant aux tumulus et aux dolmens simples, que nous sommes plus
habitués à voir en Bretagne, la Cornouaille en possède un grand nombre.
Ainsi, près du promontoire de Penare-Head, on voit un tumulus de
124 mètres de circonférence, appelé Carn-Beacon.

Non loin du cap Cornouaille, à quelques milles de Penzance, on
rencontre, sur la bruyère de Boswavas, le grand dolmen de Lanyon,
appelé dans le pays *Giant's Quoit*, disque du géant, et qui se compose
d'une dalle de 4 mètres de large sur 13 mètres de long, portée sur
trois piliers de granit d'environ 2 mètres de hauteur.

Deux autres dolmens de Cornouaille me paraissent présenter un intérêt particulier à cause de leur nom. L'un dans l'île Saint-Mary's des
îles Scilly s'appelle le *Giants's Grave*, tombeau du Géant, et l'autre
près de Saint-Keyne, sur la route de Plymouth à Truro, s'appelle
Trevery Stone, pierre de la tombe. Ces noms se perdent dans la nuit
des temps, et me semblent indiquer catégoriquement que ces dolmens
avaient une destination funéraire.

II. — Armes, Celtæ, Poteries, Objets divers.

Le British Museum possède une assez grande collection d'objets celtiques de différents pays, mais principalement des Iles-Britanniques. J'en ai dessiné les types principaux, et vous y reconnaîtrez tous les objets que vous avez rencontrés dans les tumulus de Bretagne.

Voici d'abord des celtæ (Pl. 7). Le British Museum en possède une vingtaine trouvés en Angleterre, presque tous en granit et de la forme du premier type trouvé dans le Derby-Shire. Le second type à deux pointes avec une échancrure au milieu et un trou de manche dans le sens perpendiculaire est plus curieux : je ne me rappelle pas en avoir vu de semblables dans nos pays. Sa longueur est de 10 centimètres, on l'a trouvé dans la Tamise.

Il y a très peu de celtæ plats, sans trou, comme ceux qui représentent la variété la plus commune en Bretagne : ils sont presque tous en silex et proviennent de la Tamise ; quelques-uns, cependant, portent sur l'étiquette : trouvé dans un tumulus. Deux d'entre eux, venant du Lancashire sont très longs : ils atteignent près de 20 centimètres et sont fabriqués d'une sorte de jade analogue à celui de nos tumulus.

Le musée possède aussi une grande quantité de rondelles percées, de 4 centimètres de diamètre et de 1 centimètre d'épaisseur. Toutes viennent de Cornouaille. Nous en trouvons de semblables dans le Morbihan, mais nous n'avons pas une aussi grande variété d'amulettes ou de pendeloques : j'en ai représenté les quatre types principaux (Pl. 7) à formes arrondies ou triangulaires : elles sont en schiste compacte.

La planche 8 vous représente le type à peu près unique des poteries celtiques anglaises, formé de deux troncs de cône réunis par la grande base. La partie supérieure du premier tronc de cône a une faible saillie, recouverte presque toujours de dessins dentelés, tandis que le reste du tronc de cône supérieur est orné de lignes de cupules. La partie inférieure est ordinairement privée d'ornements. Il y a cependant une poterie de l'Aberdeenshire, qui du haut en bas est recouverte de séries de quatre lignes des dessins du second type séparées par des intervalles réguliers. Ces poteries, en grand nombre, varient entre les dimensions de 0^m,50 sur 0^m,30 (les plus grandes), et de 0^m,10 sur 0^m,06 (les plus petites).

La section irlandaise possède une grande quantité de fers de lance en silex taillé des trois types de la planche 7, et une centaine de celtæ plats dont la matière est assez variée : très peu sont en silex, quelques-uns en porphyre, d'autres en diorite, plusieurs en schiste compacte ou en pétrosilex. Deux d'entre eux sont très grands, et n'ont pas moins de 30 centimètres de long sur 10 de large.

Les bronzes (Pl. 8) sont très nombreux et ressemblent fort aux nôtres : le tranchant paraît cependant un peu plus ouvert. J'ai remarqué entre autres deux sortes de serpes s'emmanchant directement, par un trou conique, au bout d'un manche pointu.

III. — Inscriptions.

Les inscriptions sont rares au musée, quoique assez fréquentes, d'après certains auteurs, sur les monuments anglais. Je n'ai remarqué que quelques menhirs dont la tranche était striée et couverte de petites rainures se prolongeant de 0^m,15 en moyenne sur la face antérieure. Ces stries régulières auront peut-être quelque intérêt à la suite du travail de M. de Cussé sur les inscriptions des monuments du Morbihan.

J'ose espérer, Messieurs, que ces quelques détails vous auront intéressés. Si votre indulgence leur fait bon accueil, elle m'encouragera à employer à votre service les moments de loisir dont je pourrai disposer.

Saint-Brieuc, 15 Novembre 1869.

R. Pocard-Kerviler.

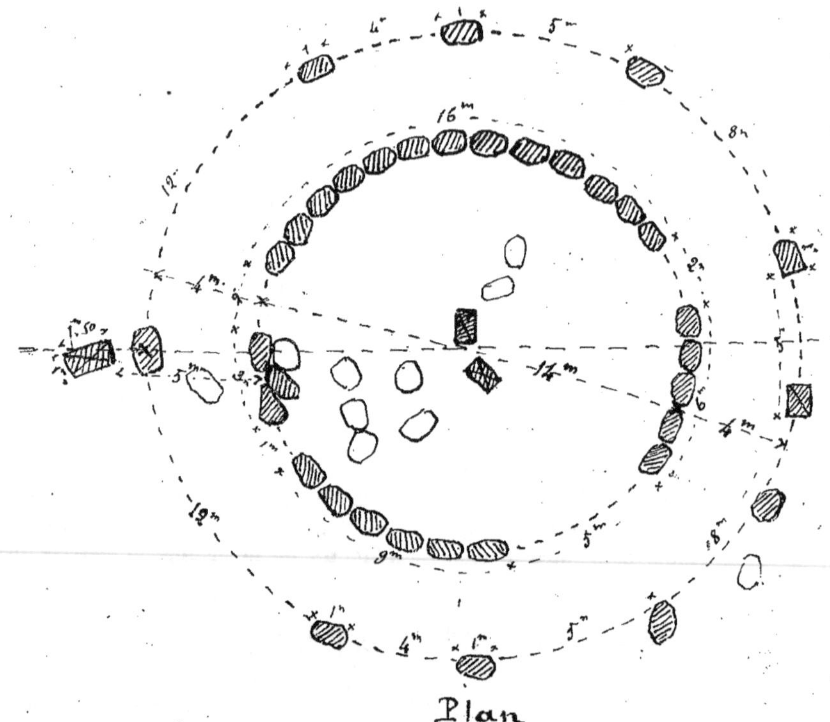

Echelle de 0,004 par mètre

R. Pocard Kiviler del.

Cercles de Clava, sur la Nairn, près Inverness
(Ecosse)

Pl 2

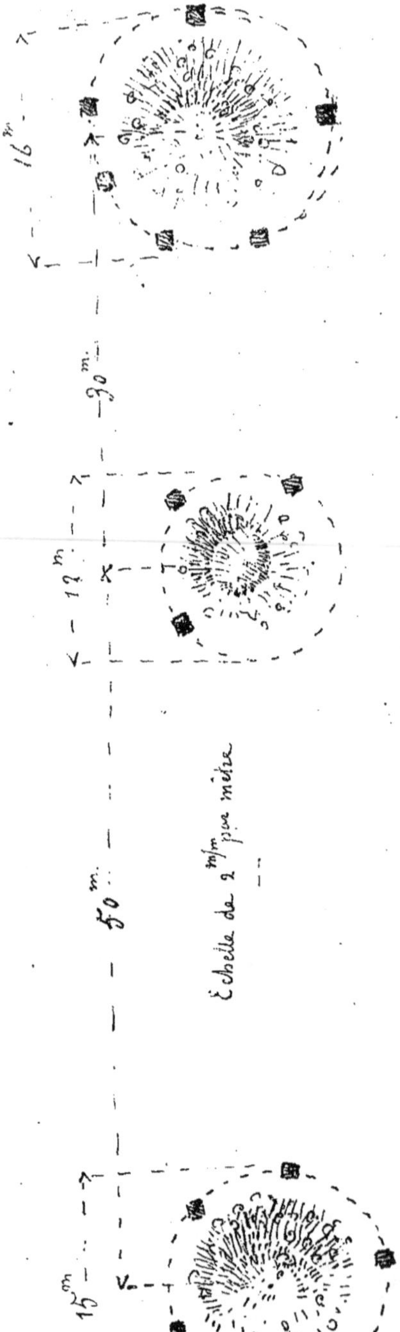

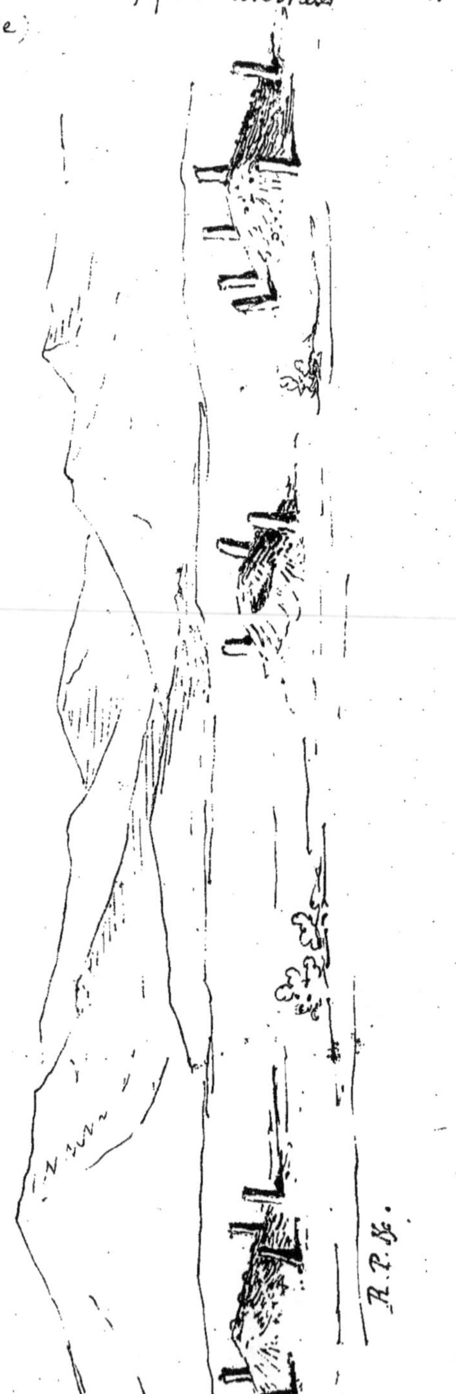

16 m

30 m

12 m

50 m

Échelle de 2 m/m pour mètre

15 m

R. P. S.

Fort vitrifié de Craig-Phadrick, près Inverness.

- coupe transversale -

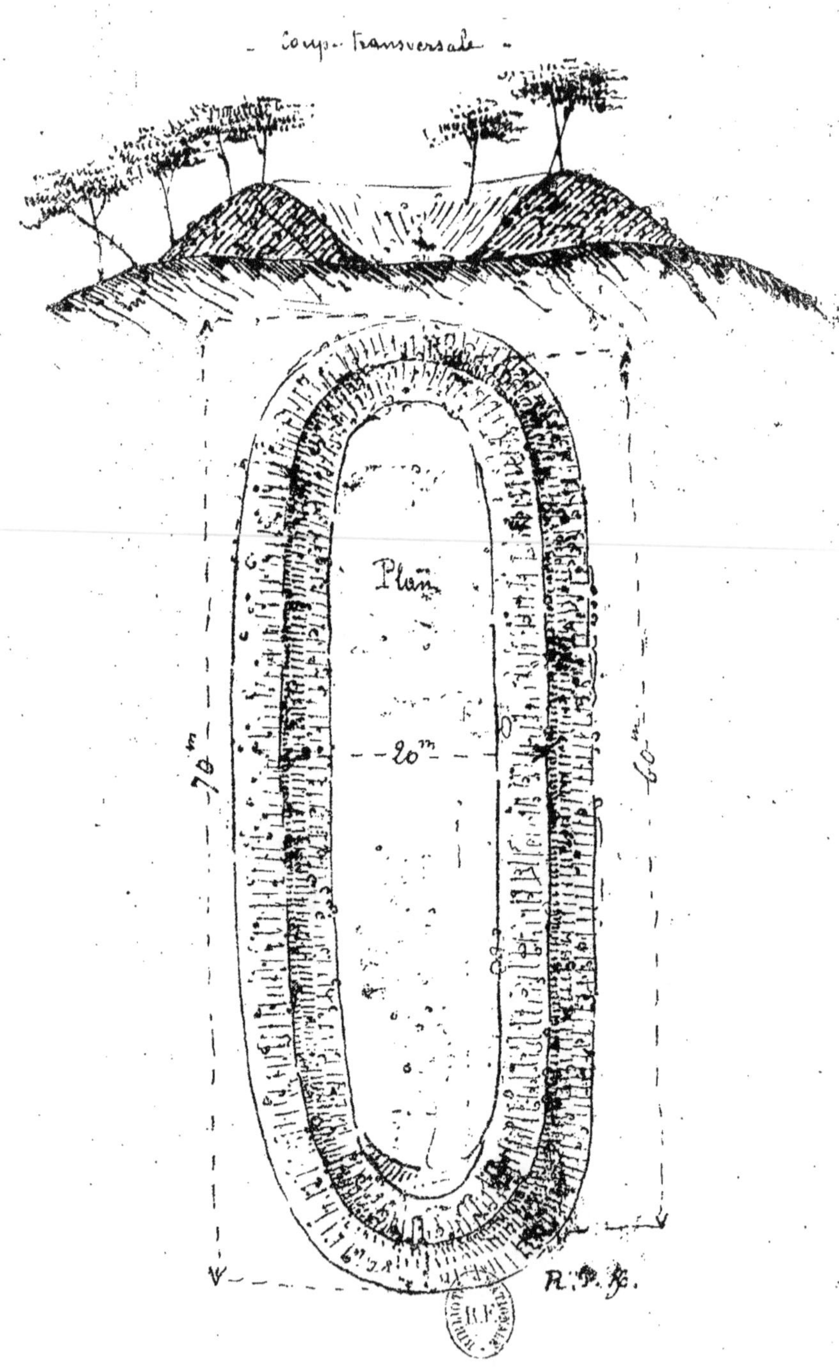

Cercle de Carrowmore près Sligo
(Irlande).

Cercle près Londonderry.
(Irlande).

Stonehenge. État actuel.
Pl. 5.

Pl. 6
Stonehenge.
Plan de l'État actuel.
(Les pierres renversées sont indiquées en blanc.)
110 mètres.
cercle de fossés concentriques d'enceinte
Sud
25 mètres
33 mètres
9 mètres
coupe transversale du fossé
9 mètres
Grand' route

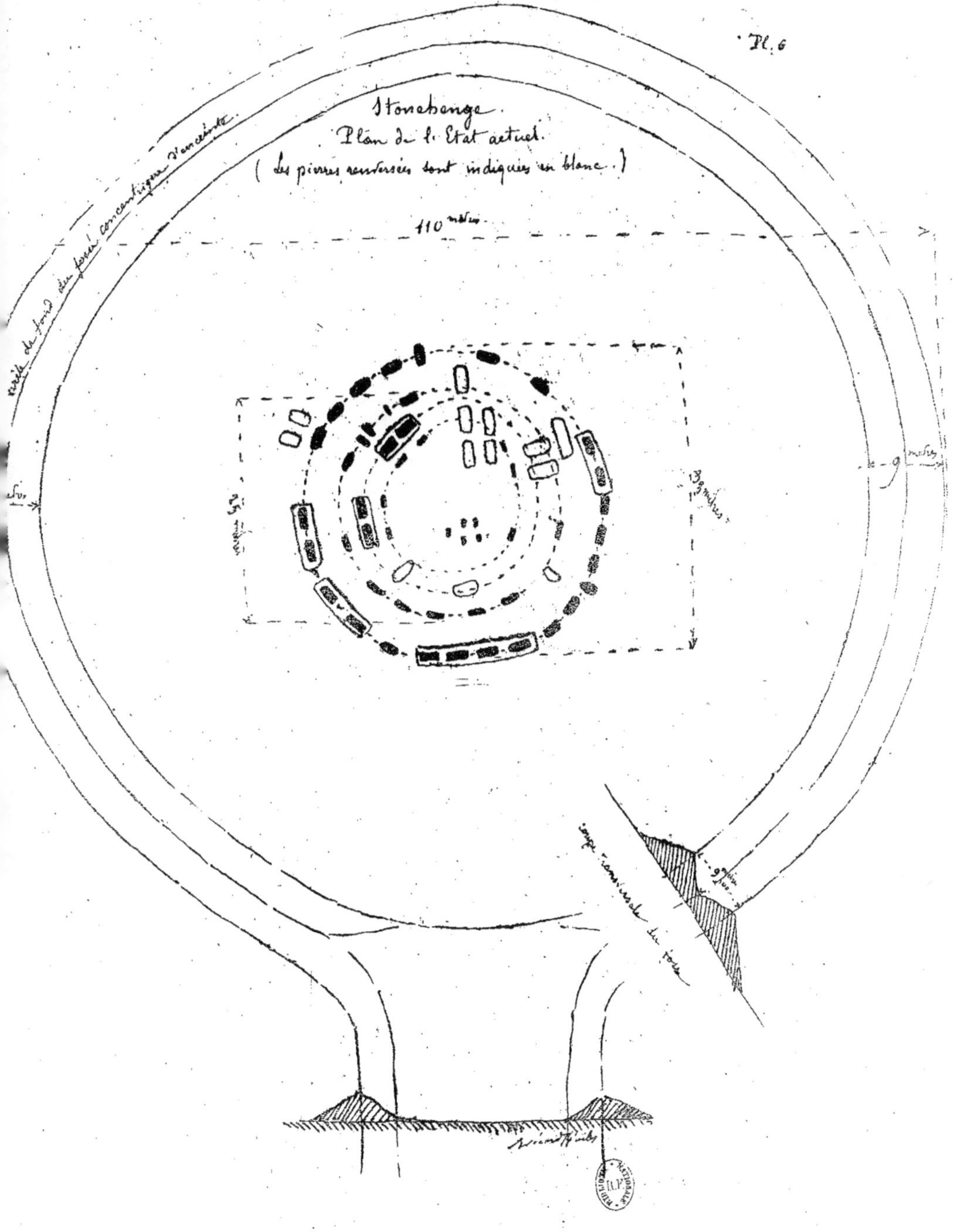

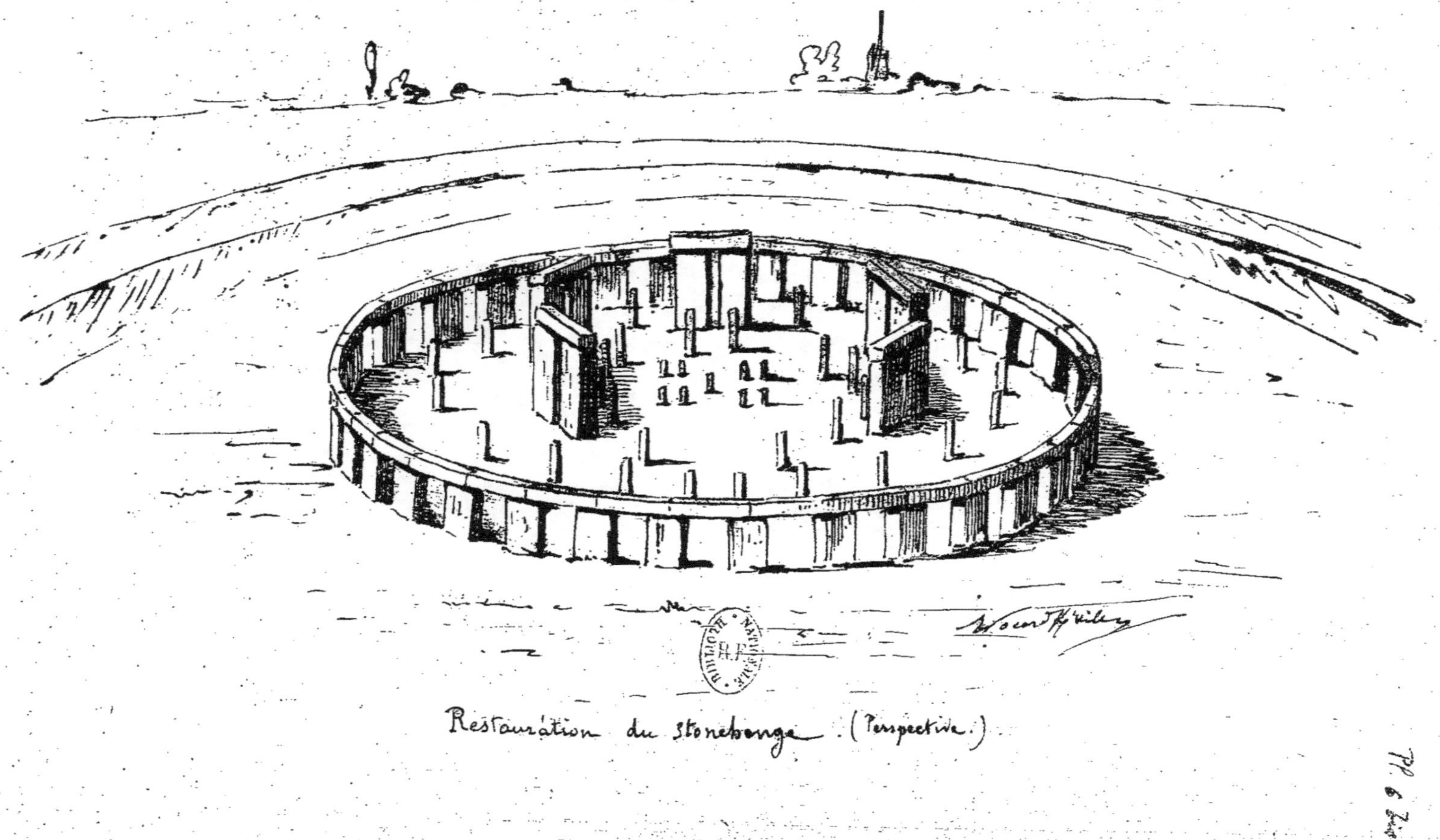

Restauration du Stonehenge. (Perspective.)

Restauration du Stonehenge. (Plan)

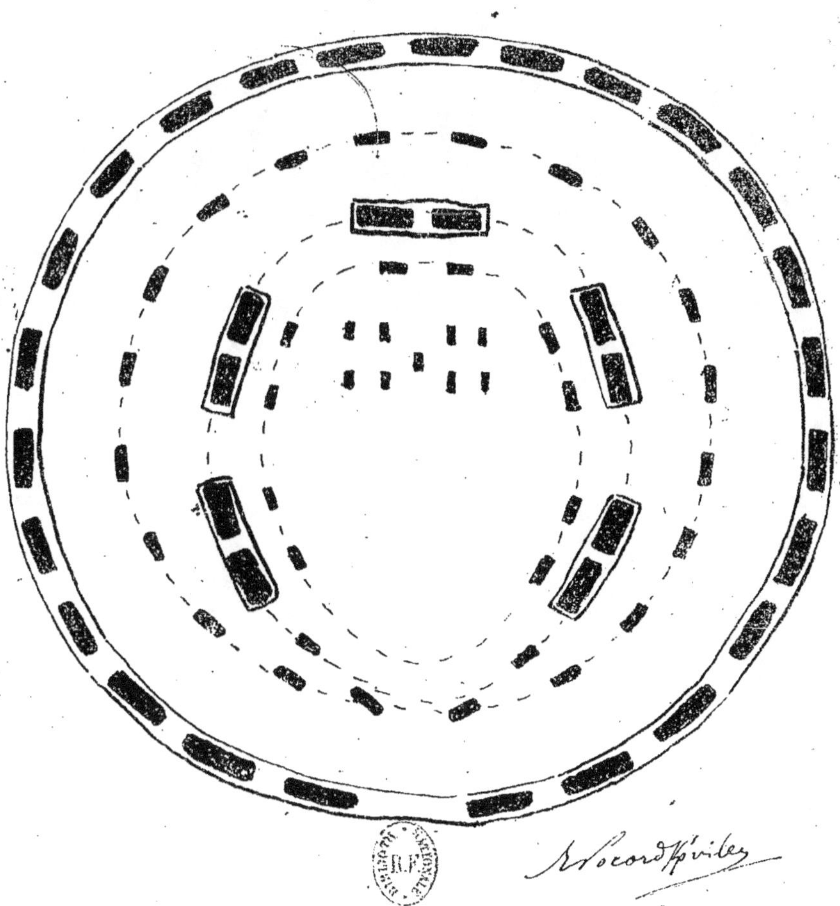

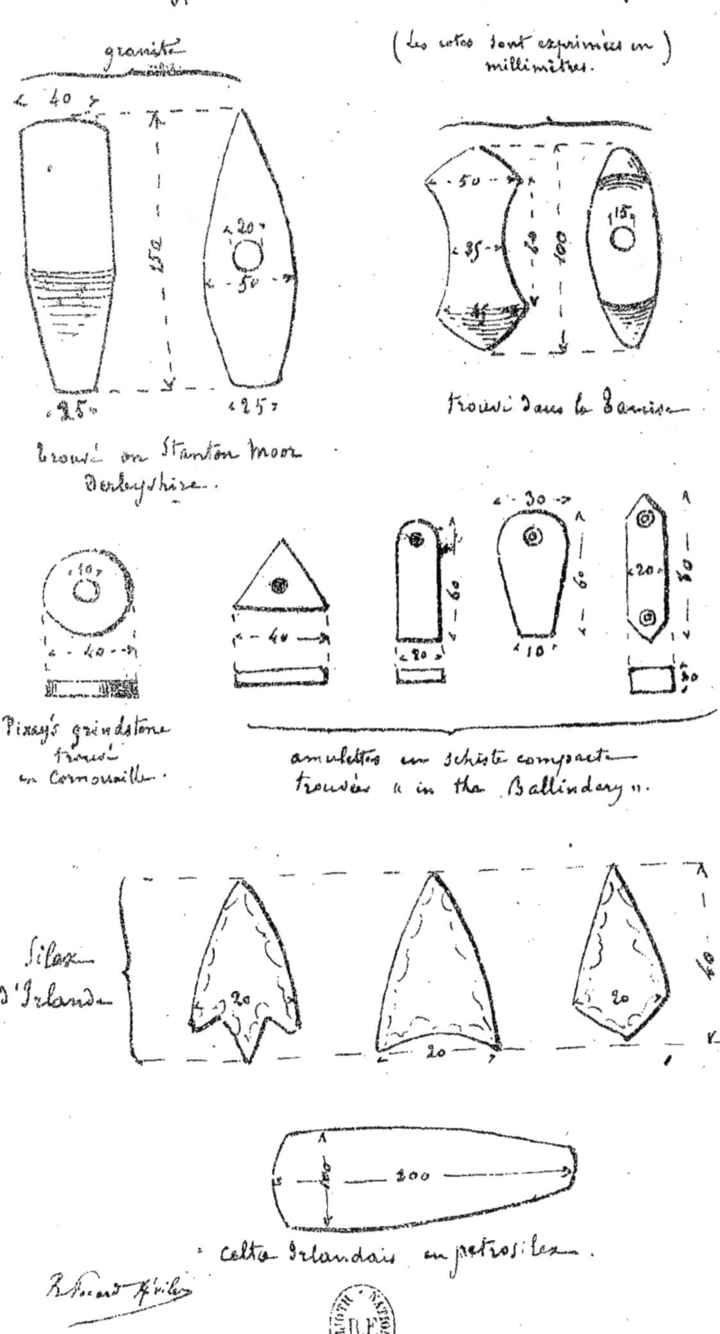
Types des collections du British Museum.
(les cotes sont exprimées en)
millimètres.
granite
40
150
25
25
20
50
Trouvé sur Stanton Moor
Derbyshire.
50
35
45
100
15
Trouvé dans la Tamise
10
40
Pixey's grindstone
trouvé
en Cornouaille.
40
30
80
10
20
30
amulettes en schiste compacte
trouvées « in the Ballindary ».
Silex
d'Irlande
20
20
20
Celts Irlandais en petrosilex.

Types des collections du British Museum

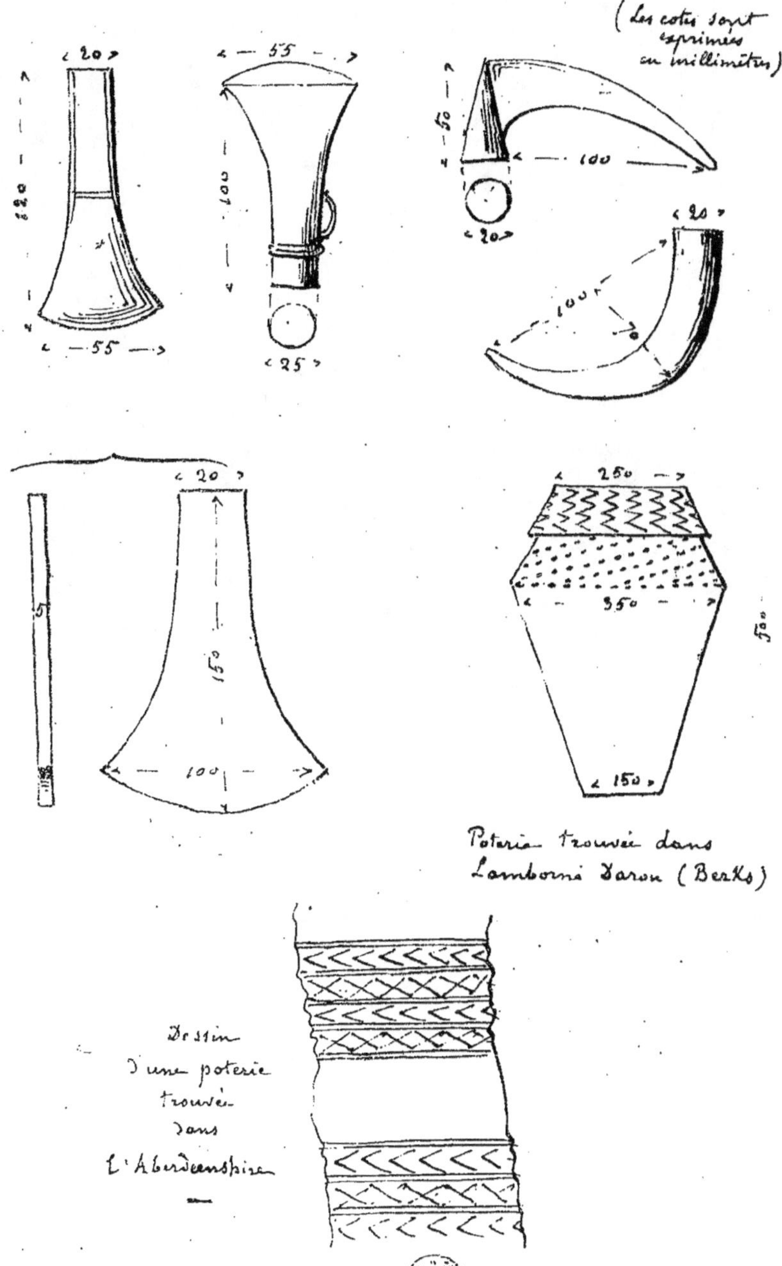

Poterie trouvée dans
Lamborne Daron (Berks)

Dessin
d'une poterie
trouvée
dans
L'Aberdeenshire

9 782012 924260